AF329556

IDÉE

SUR LE MODE DE LA SANCTION

DES LOIX.

Citoyens,

La plus importante de toutes les questions s'éleve, et rien n'est singulier comme la lenteur que vous paroissez mettre à y répondre ; je gémis des motifs qui tiennent vos idées captives, et j'avoue que je ne les conçois pas. Hommes du dix Aout, vous n'avez pas redouté d'arracher le Despote de l'orgueilleux palais où des Tyrans, pour la seconde fois, alloient verser le sang du Peuple (1)! Vous n'avez pas craint de reconquérir, au prix de votre sang, cette souveraineté qui n'appartenoit qu'à vous, et que rien néanmoins n'établissoit encore, quoique votre révolution fût déja dans sa troisieme année, et quand il est question de consolider aujourd'hui les bases de cette souveraineté, quand il s'agit de l'établir, de la prouver à l'Eu-

---

(1) On sait que des mêmes fenetres, à quelque distance près, Charles IX tira sur les Protestans.

A

rope entiere, l'insouciance vous enchaîne, et vous vous endormez en paix sur des lauriers que tant de mains cherchent à vous ravir.

Je vous le dis, Citoyens, le moment presse, si vous laissez échapper ce pouvoir acquis par vos exploits, que de difficultés pour le resaisir!

Raisonnons donc un moment ensemble sur la maniere de le conserver. Je vous demanderai d'abord comment vous considérez ceux que vous avez chargé de vous faire des loix. Par un impardonnable abus d'idées, les confondriez-vous avec ces Représentans d'un peuple esclave, envoyés par vous pour offrir des vœux et des supplications aux pieds du trône d'un imbécille ? Gardez-vous de cette erreur, Citoyens, et ne perdez jamais de vue l'extrême différence qui regne entre le Député des sujets de Louis XVI, et les Mandataires d'un Peuple qui vient de reconquérir à la fois ses droits, sa puissance et sa liberté; le premier, n'ayant que des graces à demander ou des faveurs à obtenir, pouvoit, en vous les distribuant sur les dégrés du trône où vous l'éleviez, conserver encore avec vous cette attitude guindée du despotisme qu'il copioit aux genoux de son maître; de-là le costume dont vous l'aviez revêtu, le saint respect que vous aviez pour lui. Rien de tout cela n'existe aujourd'hui, les hommes simples, libres, et vos égaux, auxquels vous ne déléguez que momentanément une portion de la souveraineté, qui n'appartient qu'à vous, ne peuvent, sous aucun rapport, posséder cette souveraineté dans un plus haut dégré que le vôtre. La souveraineté est *une*, *indivisible*, *inaliénable*, vous la détruisez en la partageant, vous la perdez en la transmettant.

Les hommes éclairés que vous avez appelés à l'honneur de vous faire une nouvelle Constitution, n'ont donc point d'autres droits que celui de vous soumettre des idées; à vous seul appartient le refus ou l'acceptation de ces idées; le pouvoir, en un mot, de vos Mandataires, est comme le rayon du soleil, réflechi par le verre ardent; vous êtes le faisceau de lumiere que je compare à l'astre du jour; vos Députés sont le verre brûlant, qui ne possédent que ce qu'ils ont reçu de vous, et qui n'éclaireront la terre que des feux que vous leur aurez transmis; Peuple, vous pouvez tout sans eux, eux seuls ne peuvent rien sans vous. On n'imagine pas combien il est essentiel d'établir ces premieres idées; l'aristocratie n'est pas si loin que l'on le pense, ses vapeurs chargent encore l'atmosphere qu'elles obscurcissoient il y a si peu de tems : ce ne seront pas, si vous voulez, les mêmes hommes qui se corrompront de ses miasmes, mais ils gangreneront tout de même ceux qui viendront les respirer, et votre bonnet de liberté, de la même couleur que celui des Forçats de vos galères (1), cachera peut-être bientôt les mêmes chaînes.

O mes compatriotes , qu'une méfiance nécessaire ne vous abandonne donc jamais, réfléchissez sans cesse sur les moyens de conserver cette liberté, qui ne s'acquiert que par des flots de sang, et qu'un seul instant peut ravir. Les fiers destructeurs des Tarquin eussent-ils pensé qu'ils ramperoient un jour sous César? et qui peut croire que la même ville ait fait naître à la fois et Brutus et Mécene?

Citoyens, vous avez pu l'entendre, on vous a déja dit que votre sanction étoit

---

(1) Je ne conçois pas par quelle absurde ignorance on veut absolument que le bonnet de la liberté soit rouge ; le blanc étoit la seule couleur consacrée chez les Grecs et chez les Romains à la Déesse de la Liberté, connue et révérée sous le nom d'ELEUTHERIE,

inutile aux loix qui vont émaner de la Convention Nationale: on vous a dit que vos Mandataires, revêtus de votre pouvoir, acquéroient, en vertu de cette seule délégation, et la puissance de créer des loix et celle de les sanctionner, c'est-à-dire, qu'ils devenoient juges dans leur propre cause. On vous l'a dit, et vous vous y soumettez. Oui, sans doute, vous vous y soumettez, puisqu'aucune réclamation ne se fait entendre; c'est sur l'extrême danger de cette pétition de principes que je vous demande la permission de m'éclairer avec vous.

Jettons un instant les yeux en arriere, et voyons ce qui fit des Tyrans; n'en doutons point, Citoyens, *l'abus du pouvoir confié.* Néron, Tibere, Venceslas, Charles IX, et Louis XVI ne répandirent le sang des hommes que parce qu'ils avoient abusé d'un *pouvoir délégué;* les Tribuns, en un mot, ne firent trembler Rome que par l'abus d'un *pouvoir confié;* l'Asie ne gémit sous d'horribles chaînes que par l'abus d'un *pouvoir transmis;* l'autorité du Peuple réunie dans une ou dans plusieurs mains, voilà la source de l'aristocratie, voilà l'abus et les dangers de la communication d'une puissance, si vos Mandataires peuvent se passer de vous pour faire des Loix, si votre sanction leur paroît inutile, de ce moment les voilà Despotes, de ce moment vous êtes esclaves ; donc si jamais ils vouloient se soustraire à cette indispensable obligation de vous faire sanctionner leurs loix, osez leur demander alors comment un Mandataire public peut imaginer que le seul titre de Représentant du Souverain puisse lui donner le même droit possédé par ce Souverain ? Comment ils croyent que la portion de souveraineté que vous leur confiez, puisse jamais leur donner le droit d'attenter à l'autre ? Les plus grands malheurs vous attendent, s'ils passent outre, sans répondre à cette question ; vous êtes perdus, s'ils vous donnent des loix que vous n'ayiez pas sanctionnées, car s'emparant alors du foyer de puissance dont vous ne leur avez communiqué que des rayons par cette réunion de forces acquises à vos dépens, ils éclipseront bientôt l'autorité, qui ne doit jamais sortir de vos mains.

Sans rien diminuer de la confiance légitime que nous avons accordé à nos Mandataires, exigeons pourtant d'eux, de ne se regarder que comme des individus uniquement chargés de nous présenter des idées, nous seuls devons dicter nos loix, leur unique besogne est de nous en proposer. Que les loix projetées ne nous soient sur-tout présentées qu'en détail (1); offertes en masse, tous les inconvéniens de la premiere Constitution vont se retrouver dans la seconde, presque toutes les loix constitutionelles ou s'enchaînent les unes aux autres, ou dérivent les unes des autres; souvent la seconde est inadmissible, si la premiere n'a pu convenir; ce ne seroit, pour ainsi dire, qu'en les essayant en détail, que vous pourrez voir si elles vous conviennent. Redoutez ici les effets de la vanité; la Constitution ne s'acheva si vîte, que parce que vos premiers Mandataires eurent l'amour-propre de terminer à eux seuls le code que vous leur aviez demandé. Si ces loix eussent été essayées en détail, vous ne seriez peut-être pas obligés de les refaire aujourd'hui; servez-vous de vos anciennes loix tant que les nouvelles ne seront point achevées, et donnez tout le tems nécessaire à la perfection d'un édifice que rien ne puisse ébranler; si cette Législature-ci ne termine

---

(1) Il est inutile d'avertir ici que je ne parle que des loix constitutionelles. Les loix réglementaires exigent un effet trop prompt, et sont d'ailleurs d'une trop petite conséquence pour avoir besoin de la sanction du Peuple.

pas, eh bien ! ce sera l'ouvrage de l'autre, il n'y a aucune nécessité à ce [que des loix soient faites avec précipitation, et le plus grand danger à ce qu'on ne porte pas à un tel ouvrage toute la réflexion qu'il exige ; vos premiers Représentans commirent une grande faute, en abattant avant que de reconstruire, il y eut un moment où vous n'aviez absolument point de loix. Ce n'est plus cela ici, bonnes ou mauvaises vous en avez, qu'elles vous servent provisoirement, et travaillez avec poids et mesures cette Constitution qui doit faire votre bonheur, et qui, si elle est sage, si elle est mûrement méditée, va peut être devenir la loi de l'univers. Si vous agissez au contraire avec une précipitation toujours condamnable, quand il s'agit d'objets aussi essentiels, si vous n'obtenez pas enfin pour chacune de vos loix cette sanction du Peuple, toujours juste, toujours éclairé, quand il s'agit de prononcer sur la nature du frein qui doit lui convenir, vos ennemis alors, dont le seul but est de perpétuer votre anarchie, profitant de la foiblesse certaine d'un Peuple qui n'a point de loix, ou qui n'en a que de mauvaises, parviendront bientôt non pas à vous vaincre..... vous êtes Français.... mais à vous diviser.

Ne doutez pas, Citoyens, que ce ne soit pour abréger la besogne, et pour se donner par conséquent l'honneur de l'avoir terminée toute entiere, que l'on cherche à éviter votre sanction en détail, ou à vous proposer une Assemblée sanctionnante, composée d'un membre par département. Mefiez-vous des piéges cachés sous l'un et sous l'autre projet, je vous ai fait voir ceux qu'on vous tend en voulant se soustraire à votre sanction, vous allez découvrir tout aussi facilement ceux déguisés sous le dessein de l'érection d'une seconde Assemblée, créée pour refuser ou donner son vœu aux opérations de celle qui existe. Que seroit-ce que cette seconde Assemblée, sinon la rivale ou l'esclave de la premiere? Et que de dangers dans l'un ou dans l'autre cas !

Dans le premier, ne doutez pas, Citoyens, qu'une seconde Assemblée, qui, placée près de la premiere, n'auroit pour fonction que d'accepter ou de refuser les loix érigées par cette premiere, n'eût bientôt l'inconvénient des deux chambres, que vous rejettez avec tant de raison, et croyez-le, Citoyens, cette Assemblée épuratoire, dont la puissance lutteroit sans cesse avec celle de vos Députés, acquerreroit en bien peu de tems tous les vices de l'autorité monarchique, absorbée par vous sans retour. Car, remarquez que ce n'est pas le pouvoir qui crée qui jouit de l'autorité, elle réside avec bien plus d'empire dans celui qui sanctionne, et la cruelle maniere dont *l'homme du Temple* a paralysé tous les décrets essentiels des deux Assemblées précédentes, vous prouve que la force majeure étoit bien certainement restée dans ses mains. L'autorité, soyez-en sûrs, passeroit donc infailliblement dans cette Assemblée sanctionnante, et vous ne seriez pas six mois sans vous appercevoir que les mêmes vices dont vous cherchez à vous éloigner, corromproient très-incessamment toutes les opérations de vos Députés; en divisant au contraire ce pouvoir majeur de la sanction dans une certaine quantité d'assemblées primaires, non-seulement les vœux se trouvent bien plus certainement prononcés, mais vous avez affoibli cet énorme pouvoir de l'énergie sanctionnante, et ne lui avez laissé, en la divisant, que la liberté de faire le bien, sans aucune facilité pour le mal.

Dans l'autre hypothese, si les membres choisis pour composer cette seconde Assemblée se trouvent pris parmi les *Adorateurs* ou les *Esclaves* de la premiere, les chaînes que vous redoutez auront acquis alors un dégré de pésanteur d'autant plus violent, que deux corps puissans vous les auront imposées.

Ai-je besoin de m'appésantir en détail sur la foule d'inconvéniens que vous offrent d'aussi dangereuses idées, et faut-il s'étonner que ceux qui les ont conçues aient voulu les appuyer par des bayonnettes !

En un mot, Citoyens, convaincus des défauts de la Constitution précipitée que vous avoient offert des Représentans, plus occupés de conserver l'autorité de Louis XVI que d'établir la vôtre, vous avez senti le besoin de retoucher le monument de vos loix, et sur-tout de lui donner pour base, et cette souveraineté qui vous appartient, et cette justice, cette authenticité qui ne pouvoit caractériser des loix créées par des Despotes en faveur d'un Tyran ; sans cette essentielle révision : je dis plus , sans cette nouvelle création , autant valoit sans doute rester ensevelis sous le fatras informe des loix gothiques de vos ancêtres , et des interprétations plus effrayantes encore des conspirateurs qui nous les expliquoient ; desirant éviter de tels écueils , ambitieux de profiter et de vos droits et de vos lumieres , vous voulez enfin des loix sages ; revêtus de cette autorité abandonnée, par foiblesse, autrefois à des Souverains qui n'en jouissoient que pour en abuser, vous voulez en même tems, et vous donner des loix par vos Mandataires, et n'accepter de ces Mandataires que les loix que vous aurez sanctionnées vous-mêmes, certes s'il est au monde une opération sage, s'il en est une qui doive vous assurer le bonheur et la tranquillité dont il faut que vous jouissiez enfin, c'est assurément celle-là.

Vous demandez maintenant quel est le meilleur mode pour arriver à la sanction des loix, en conservant la souveraineté que vous avez reçue de la nature, que le despotisme vous fit perdre, et que vous venez de recouvrer, au prix de votre sang? Voici ce que je vous propose, pour arriver le plus promptement et le plus majestueusement à cette indispensable sanction du Peuple, sans laquelle il n'est point de loix pour une Nation libre.

Une lettre d'avertissement préviendra les Maires du chef-lieu de chaque canton du territoire françois; aussi-tôt qu'ils l'auront reçue, ils feront convoquer des assemblées primaires, qui se réuniront dans le chef-lieu de ce canton; à peine réunies, que par les sages précautions de nos Législateurs, la loi annoncée au Peuple leur parviendra par un second courrier. Ces Magistrats du Peuple feront lecture de la loi au Peuple assemblé ; cette loi examinée , discutée , approfondie par la masse collective des individus auxquels elle doit servir , sera donc admise ou rejetée ; dans le premier cas , le courrier qui vient de l'apporter, la remporte sur-le-champ : est-elle acceptée , les suffrages se comptent , la majorité jouit de ses droits , et la loi se promulgue. N'a-t-elle obtenu que la minorité , à l'instant vos Députés la retouchent , ils la suppriment ou la refondent , et s'ils parviennent à l'améliorer , elle se représente une seconde fois à la France entiere rassemblée par les mêmes formes dans tous les cantons de ces divers Départemens.

Ne redoutez aucune difficulté de cette réunion que je vous propose , croyez qu'aucun Citoyen ne la trouvera pénible ; pour une fête, pour une procession , le paysan esclave faisoit jadis bien plus de chemin ; songez qu'aujourd'hui le cultivateur libre ne redoutera point quelques lieues quand il sera appelé à l'honneur de sanctionner une loi , c'est-à-dire, à celui de donner à sa souveraineté l'essort le plus majestueux. Les Francs prenoient-ils garde autrefois au chemin qu'ils avoient à faire, quand, pour le même objet, ils se rendoient au champ de Mars? Prenez garde d'ailleurs, Citoyens, qu'il existe ici des difficultés de toutes parts, et qu'il est seulement question de choisir la moindre; ou le Peuple doit avoir de la peine à s'assembler, ou vos Représentans doivent prendre celle d'écrire autant de lettres qu'il y a de Municipalités, pour leur faire parvenir chaque loi. Il faut donc que de cette peine chacun en prenne un peu de son côté, et c'est ce qui me décide à la réunion par canton, comme plus facile et moins longue.

Mais, objectera-t-on peut-être ici, des assemblées primaires peuvent-elles prononcer sur une loi?

En partie composée de gens éclairés, d'un plus grand nombre qui ne le sont pas, comment cette collection *bigarrée* pourra-t-elle émettre son vœu sur un aussi grave objet? Des sujets bien choisis ne conviendroient-ils pas beaucoup mieux? Gardons-nous de croire une telle chose; s'il faut des hommes choisis pour proposer des loix, n'imaginez jamais qu'il en faille de tels pour les sanctionner. C'est le seul vœu du Peuple qui doit approuver ou non les loix faites pour le captiver; il faut donc qu'il s'y trouve en masse, sans élection: l'élection, toujours le résultat du choix, placeroit alors pour adopter ou pour rejeter la loi, celui qui malheureusement a le plus souvent l'art de l'éluder, ou le moyen de s'y soustraire, et c'est précisément là l'écueil qu'il faut éviter avec le plus de soin.

Solon disoit que *les loix étoient comme des toiles d'arraignées, à travers lesquelles passoient les grosses mouches, tandis que les petites y restoient seules enveloppées.* Cette comparaison d'un grand homme nous conduit à reconnoître la nécessité d'admettre essentiellement, et peut-être même de préférence, à la sanction d'une loi, cette partie du peuple la plus maltraitée du sort, et puisque c'est elle que la loi *frappe* le plus souvent, c'est donc à elle à choisir la loi dont elle consent à être *frappée.*

Citoyens, voilà mes vues; je vous les soumets; vous reconnoîtrez, j'espere, au ton qui les dicte, le plus pur amour de la justice et de l'égalité... le désir le plus véhément de vous voir conserver une liberté qui vous coûte si cher, et qui vous est si bien due. Je ne soupçonne qui que ce soit, je ne me méfie de personne; aucun individu dans le monde n'a peut-être plus de confiance que moi dans nos représentans, mais je sais jusqu'où va l'abus du pouvoir; je démêle toutes les ruses du despotisme, j'ai étudié les hommes et je les connois ; je sais qu'ils renoncent avec bien de la peine au pouvoir qui leur est *confié*, et qu'il n'est rien de difficile comme de poser des bornes à l'autorité *déléguée*. J'aime le Peuple, mes ouvrages prouvent que j'établissois le systême actuel bien avant que les bouches de feu qui renversèrent la Bastille, ne les annonçassent à l'univers. Le plus beau jour de ma vie fut celui où je crus voir renaître la douce égalité de l'âge d'or, où je vis l'arbre de la liberté couvrir de ses rameaux bienfaisans les débris du sceptre et du trône. Ce foible écrit n'est que le résultat de mes craintes, si je vous les inspire, vous vous opposerez bientôt à ce qui les fait naître, et nous serons tous heureux ; si je me trompe, ma faute est celle de mon cœur, je trouverai mon excuse dans le vôtre ; alors communiquez-moi vos lumieres, je rédigerai mon plan d'après elles. Je n'ai d'orgueil ici que celui de la sensibilité ; je consens à parler plus mal qu'un autre, mais je ne veux pas vous aimer moins.

Par le Marquis de Sade,
auteur de Justine.

DE L'IMPRIMERIE DE LA RUE S. FIACRE, N°. 2.